RÉDUIRE!

211 stratégies pour réduire vos coûts immobiliers

Wayne Fox

Copyright © 2015 par Wayne Fox. Tous droits réservés. Aucune partie de ce livre ne peut être reproduite sous quelque forme que ce soit sans l'autorisation écrite de l'auteur.

Les évaluateurs peuvent citer de brefs passages dans les critiques.

Avis de non-responsabilité et avis de non-responsabilité FTC

Aucune partie de cette publication ne peut être reproduite ou transmise sous quelque forme ou par quelque moyen que ce soit, mécanique ou électronique, y compris la photocopie ou l'enregistrement, ou par tout système de stockage et de récupération d'informations, ou transmise par courrier électronique sans l'autorisation écrite de l'éditeur.

Bien que toutes les tentatives aient été faites pour vérifier les informations fournies dans cette publication, l'auteur n'assume aucune responsabilité pour les erreurs, omissions ou interprétations contraires du sujet présenté ici.

Ce livre est uniquement destiné à des fins de divertissement. Les opinions exprimées sont celles de l'auteur uniquement et ne doivent pas être considérées comme des instructions ou des ordres d'experts. Le lecteur est responsable de ses propres actes.

Le respect de toutes les lois et réglementations applicables, y compris les licences professionnelles internationales fédérales, étatiques et locales, les pratiques commerciales, la publicité et tous les autres aspects de la conduite des affaires aux États-Unis, au Canada, au Royaume-Uni ou dans toute autre juridiction, relève de la seule responsabilité du acheteur ou lecteur.

L'auteur n'assume aucune responsabilité de quelque nature que ce soit au nom de l'acheteur ou du lecteur de ce matériel.

Tout affront perçu envers un individu ou une organisation est purement involontaire. J'utilise parfois des liens d'affiliation avec le contenu du livre. Cela signifie qu'en effectuant un achat, je recevrai une commission de vente. Cela ne signifie cependant pas que mon avis est à vendre. Tous les liens d'affiliation répertoriés dans le livre sont les services et produits pour lesquels j'ai moi-même utilisé et que j'ai trouvé utile. Le lecteur ou l'acheteur doit faire ses propres recherches avant d'effectuer un achat en ligne.

Contenu

1. Introduction
2. PARTIE 1: Immobilier
3. PARTIE 2: Entretenir votre propriété
4. PARTIE 3 : Énergie
5. Conclusion
6. A propos de l'auteur

Introduction

L'immobilier peut représenter une part importante des coûts auxquels est confrontée une entreprise. De nombreux propriétaires de petites entreprises sont trop occupés pour commencer à apprendre comment réduire leurs coûts. Nous avons donc compilé un guide simple et facile à lire répertoriant quelques stratégies de base pour réduire les coûts immobiliers et rendre une petite entreprise plus rentable.

Cet eBook se concentre principalement sur les locaux des petites entreprises, mais les mêmes principes peuvent être copiés pour tous les types de biens immobiliers, de la maison familiale aux grandes usines manufacturières de la taille d'une petite ville.

Pour faciliter la lecture, ce livre est divisé en 3 parties :
- Partie 1 – Immobilier – La structure principale du bâtiment et tout ce qui y est associé
- Partie 2 - Entretien des locaux – Le processus permettant de maintenir le fonctionnement efficace des systèmes
- Partie 3 - Énergie – Le processus de réduction du coût de l'énergie pour l'entreprise

Cet eBook est écrit principalement du point de vue de la stratégie à long terme, alors que certaines stratégies ont un gain immédiat, d'autres stratégies ont un gain à plus long terme avec un certain investissement initial nécessaire. Il est conseillé de calculer le retour sur investissement de toute stratégie abordée dans le livre, afin de vérifier sa pertinence dans votre propre situation.

PARTIE 1 : Immobilier

Puisque nous sommes tous des gens occupés, allons-y et allons-y, en commençant par notre section Immobilier. Cela couvrira tout ce qui concerne la structure principale du bâtiment.

1. **Obtenez la meilleure offre dès le départ.**

Lorsque vous recherchez un bien immobilier, négociez une offre adaptée à votre entreprise. La plupart des baux sont conclus au profit du propriétaire. Nous examinerons d'autres façons de procéder plus tard.

2. **Optimiser les horaires d'ouverture en fonction des niveaux de commerce.**
Si votre entreprise est ouverte à 9 heures du matin, mais que vous n'obtenez que quelques clients pendant les deux premières heures, cela vous coûte-t-il plus cher en termes de personnel et de fonctionnement que le bénéfice que vous tirez de ces ventes ? Si la présence commerciale est nécessaire, les besoins en ressources pourraient-ils être réduits d'une manière ou d'une autre pour tenir compte de la baisse de fréquentation ?

3. **Utilisez des modèles de travail double/triple pour le bâtiment.**

La plupart des bâtiments ne sont utilisés que huit à dix heures par jour. Quelles autres utilisations pourriez-vous trouver pour votre espace en dehors de ces heures d'ouverture principales ? Un exemple pourrait être un immeuble de bureaux. En modifiant l'occupation du bâtiment en un système à double équipe, la main-d'œuvre de 8h00 à 18h00 rentre chez elle à 18h00 et une nouvelle main-d'œuvre travaille entre 19h00 et 7h00.

Ce personnel de jour pourrait être le personnel en contact avec les clients, et le personnel de nuit pourrait être les personnes effectuant des tâches telles que la paie et la comptabilité, qui n'ont pas besoin d'être en contact avec les clients. Cela réduit non seulement le nombre de sièges pour l'entreprise, mais augmente également la rentabilité. Pour une entreprise travaillant huit heures par jour, cela pourrait être encore optimisé en ayant trois modèles d'équipes. Que pourrait faire votre entreprise de son espace en dehors des heures d'ouverture ?

4. **Pensez à l'emplacement de votre entreprise.**

   Si votre entreprise n'a pas besoin d'être située dans le centre-ville principal, il peut être beaucoup moins cher, en termes de coût d'achat, de loyer et de taxes gouvernementales, d'acquérir un bâtiment situé à quelques rues de là, ou plus radicalement, à la périphérie de ville.

5. **Positionnez votre entreprise là où se trouvent vos clients.**

   En ce qui concerne la fréquentation de l'entreprise, positionner vos locaux au centre de l'endroit où se trouvent vos clients ne réduira peut-être pas les coûts immobiliers initiaux, mais cela réduira les coûts de gaspillage pour le personnel qui n'est pas pleinement efficace car il n'a pas suffisamment de clients pour les occuper.

6. **Obtenez le bon type de propriété.**

   Avez-vous vraiment besoin d'un espace commercial ou pourriez-vous travailler depuis un immeuble de bureaux ? L'espace de vente au détail est généralement l'espace le plus cher à louer ou à acheter, et entraîne souvent le coût le plus élevé en termes de loyer et de taxes gouvernementales.

   L'entreposage au pied carré est le type de propriété le moins cher. Comprendre et optimiser le fonctionnement de votre entreprise pourrait réduire considérablement les coûts.

   Comprendre l'avenir de votre secteur et créer votre entreprise de cette manière vous permettra également d'économiser de l'argent à long terme.

Par exemple, si vous êtes une entreprise de vente au détail, pouvez-vous prédire la façon dont les gens feront leurs achats à l'avenir ?

Certains experts diraient qu'à l'avenir, davantage d'achats se feront en ligne. Si tel est le cas, déplacer une grande partie de vos opérations vers un espace d'entreposage et réduire l'espace de vente au détail serait une sage décision en termes de réduction des coûts et de positionnement de l'entreprise pour les tendances futures du secteur.

7. **Réduisez le temps de déplacement du personnel.**

    Si votre entreprise a besoin que son personnel rende visite à des clients en dehors de vos locaux, tenez compte du coût du temps de déplacement depuis vos locaux jusqu'au client. Si vos locaux sont situés en périphérie de la ville, mais que vos clients se trouvent au centre-ville, vous les paierez, peut-être une demi-heure de trajet aller-retour à chaque fois qu'ils effectuent ce trajet. Cela représente une heure de productivité perdue pour chaque visite chez un client.

8. **Réduisez les frais de déplacement du personnel.**

    Comme pour le temps de déplacement du personnel, si vous payez des frais de déplacement pour rendre visite à des clients, cela pourrait devenir très coûteux pour votre entreprise en termes de carburant, de véhicules, de billets de train, etc.

9. Cartographiez où se trouvent vos clients.
En prenant une grande carte géographique de la zone et en traçant où se trouvent vos clients, vous pouvez créer une carte thermique de l'endroit où se trouve votre plus grand public et baser vos locaux à proximité de cela. Si vous constatez que vos clients sont répartis sur trois sites principaux, vous trouverez peut-être moins cher d'avoir trois locaux séparés plus petits plutôt qu'un bâtiment central.

Tenez compte des coûts totaux dans cette évaluation, car parfois les petits locaux sont soumis à des taxes gouvernementales réduites ou nulles, tandis que le fait d'avoir trois sites distincts peut coûter plus cher pour leur gestion.

10. Pensez au hot-desking.

Le hot-desking existe depuis 2009 environ. Au lieu de donner à un membre du personnel un espace de bureau permanent, vous lui donnez un accès temporaire à un espace de bureau avec toutes les installations dont il a besoin pendant qu'il est sur place. Cela fonctionne bien pour les postes tels que les vendeurs qui passent beaucoup de temps loin du bureau.

Il existe également de nombreux fournisseurs d'espaces de bureau qui proposent des espaces de bureau partagés. Ainsi, plutôt que de louer un espace de bureau complet, vous pouvez simplement payer à l'heure. Cela peut être une bonne chose, surtout si vous ou votre personnel travaillez à une bonne distance de votre bureau et que vous ne souhaitez pas les payer pour se rendre dans vos locaux.

Le concept peut être copié pour la plupart des industries où aucun espace permanent n'est requis.

11. Adoptez une politique de travail à distance.
Le travail à distance est utilisé par de nombreuses grandes entreprises. Plutôt que de payer pour un espace pour loger le personnel, ils travaillent à distance depuis leur domicile ou depuis leur véhicule, certains intégrant un élément de hot-desking dans les bâtiments d'autres personnes. Adopter le travail à distance peut réduire considérablement le besoin d'espace.

12. Utilisez l'espace partagé.

Un exemple plus courant est la location d'espace dans un centre d'affaires. Le même modèle peut toutefois être copié dans la plupart des secteurs.

Par exemple, si vous êtes un détaillant, vous pouvez partager un espace avec d'autres détaillants, peut-être même avec de plus grandes marques présentes dans la rue principale. Votre objectif est de vendre votre produit/service au client, il ne s'agit pas de louer ou de posséder un immeuble ; c'est une industrie complètement différente.

13. Calculez le rapport d'équilibre entre l'espace partagé et l'espace dédié.

En comprenant quel est le point de rupture entre l'achat d'un espace partagé et l'achat de votre propre espace dédié, vous savez quel est le moment le plus efficace pour rechercher vos propres locaux.

Par exemple, en effectuant une recherche rapide des deux types de biens, nous avons trouvé un espace de centre d'affaires loué à 300 $/mn par siège. En recherchant des bureaux loués, nous avons trouvé une propriété de 1 100 pieds carrés pouvant accueillir entre 11 et 15 sièges. Cela représentait un loyer de 1 900 $ par mois, toutes taxes gouvernementales comprises. Les deux bâtiments disposaient de services publics supplémentaires, nous n'avons donc pas pris en compte ces coûts dans cet exemple. En effectuant ces chiffres, nous pouvons voir que le point d'arrêt se situe autour de 7 sièges.

Il faut évidemment aussi peser le coût de l'aménagement d'un bâtiment ; Les centres d'affaires sont généralement déjà équipés et comprennent des bureaux, des équipements informatiques et des prises de courant. Tous ces coûts d'aménagement doivent être pris en compte dans votre équation, même s'ils peuvent être étalés sur une longue période.

14. Négociez une période de location à plus long terme.

Accepter une durée de bail plus longue peut aider à réduire votre coût de location mensuel, car les propriétaires privilégieront souvent la garantie d'un locataire à long terme, car cela réduit le coût de commercialisation des locaux vacants.

15. Recherchez des incitations lors de la négociation d'un contrat de location.

Cela vaut aussi bien pour les espaces loués que partagés. Le propriétaire sera souvent disposé à offrir des incitations telles que des périodes de location gratuites ou des services à valeur ajoutée tels que des salles de réunion gratuites s'il loue dans un immeuble à espaces partagés. Parfois, lorsque les locaux sont construits en grand nombre, le propriétaire les construit sans avoir de locataire en tête. Par conséquent, discuter avec les propriétaires de nouveaux développements, en particulier pendant la phase de construction, peut conduire à des conditions favorables.

Ils peuvent également être en mesure de faire des présentations à des clients potentiels. Après tout, il est dans leur intérêt que votre entreprise réussisse. Cela vaut la peine de se poser la question.

16. Ayez les meilleures mesures de sécurité.
Même si cela peut sembler être un coût pour l'entreprise, ne pas l'avoir pourrait entraîner un coût important pour l'entreprise plus tard, ce qui pourrait même entraîner un échec complet de l'entreprise.

17. N'occupez pas plus d'espace que nécessaire.

Cela réduira le loyer, les tarifs, l'entretien, le chauffage et la climatisation. Je rencontre tellement de propriétaires d'entreprise qui occupent beaucoup plus d'espace que ce dont ils ont besoin et finissent par utiliser l'espace excédentaire pour le stockage. Si vous avez besoin d'espace de stockage, il existe des options beaucoup moins chères.

18. Sous-louez tout espace excédentaire.

Sous réserve d'obtenir l'accord du propriétaire, pourquoi ne pas collaborer avec d'autres propriétaires d'entreprise et leur sous-louer des locaux ? S'il s'agit d'une entreprise complémentaire, cela pourrait même ajouter une certaine valeur aux deux entreprises en travaillant ensemble de cette manière.

19. Regardez d'autres utilisations de votre espace.

Évaluer le fonctionnement de votre entreprise et les habitudes d'achat de ses clients pourrait libérer de l'espace qui pourrait être utilisé plus efficacement. Par exemple, un café pourrait constater que 75 % de ses ventes sont réalisées à emporter, réduisant ainsi le nombre de places assises nécessaires ; il pourrait utiliser cet espace pour n'importe quoi, depuis la sous-location d'un espace de bureau pour des réunions d'affaires jusqu'au démarrage d'une entreprise de pâtisserie gratuite. Peu importe l'utilisation que vous faites de l'espace supplémentaire (sous réserve de licence), mais gardez simplement cette stratégie à l'esprit pour vos propres locaux.

20. Ne payez pas de loyer plus que nécessaire.

Un conseiller professionnel vous informera des loyers actuels du marché et des endroits où une propriété est trop chère. Ils aideront également à négocier d'éventuelles incitations.

21. Ne payez pas le prix auquel les locaux sont commercialisés.

Ce n'est pas parce que les locaux sont commercialisés à 10 000 $ par mois que l'agent ou le propriétaire s'attend à toucher 10 000 $ par mois.

Comme pour tout dans la vie et dans les affaires, la négociation est la clé, et commencer bas avec des offres ne peut que vous être bénéfique. Le pire qui puisse arriver, c'est qu'ils refusent l'offre et que vous deviez en faire une plus élevée.

22. Ne faites pas appel à un avocat pour faire des offres informelles sur place.

Au lieu de demander à un avocat de rédiger divers documents juridiques énonçant des offres informelles d'achat ou de location, utilisez simplement le téléphone et le courrier électronique jusqu'à ce qu'un chiffre et des conditions de base aient été convenus. Demandez ensuite à l'agent du propriétaire d'envoyer les documents à signer. De cette façon, vous ne payez que pour faire vérifier les documents plutôt que de les rédiger à partir de zéro.

23. Achetez les locaux plutôt que de les louer.
La comparaison du coût hypothécaire avec le coût de la location peut aider dans certains cas, en réduisant les dépenses mensuelles de l'entreprise liées à la location de locaux. Ce faisant, assurez-vous évidemment que l'entreprise ne va pas devenir trop grande et que la propriété constitue un bon investissement en termes de potentiel de revente par la suite.

Demandez à votre comptable de passer en revue les chiffres, y compris les éventuelles incitations fiscales pour les options de propriété et de location.

24. Libérez du capital dans une propriété détenue en utilisant un processus de vente et de cession-bail.

De nombreuses banques et institutions financières offrent aux propriétaires d'immeubles commerciaux un moyen de libérer la valeur de leurs actifs en les vendant à la banque, puis en les relouant à des conditions fixes.

Comme pour la stratégie 23, discutez-en avec votre comptable pour évaluer les implications sur l'entreprise, car une plus-value importante réalisée sur l'immobilier pourrait entraîner une facture fiscale très importante, ce qui signifie que l'option est moins viable.

25. **Si vous achetez un bien immobilier, envisagez d'acheter aux enchères.**
L'achat aux enchères peut constituer une bonne opportunité de faire une bonne affaire dans un local commercial. De nombreux portefeuilles commerciaux importants appartiennent à des fiducies immobilières, à des compagnies d'assurance et à des fonds communs de placement, qui vendent donc une grande partie de leur portefeuille en une seule fois. Cela signifie qu'il présente une bonne opportunité pour tous ceux qui recherchent des locaux commerciaux.

Avant d'enchérir aux enchères sur une propriété, il est conseillé de demander l'aide de conseillers expérimentés et de s'assurer également que vous disposez du capital nécessaire pour finaliser l'achat dans les quelques jours suivant l'adjudication.

Dans de nombreuses juridictions, vous devrez payer une caution assez importante le jour de l'enchère, et le non-paiement dans le délai convenu vous exposera à des amendes très élevées.

26. Transformez un bâtiment selon vos besoins.

En transformant un bâtiment existant, en modifiant son utilisation (sous réserve de consentement) pourrait vous offrir une formidable opportunité d'économiser de l'argent sur les frais de location et les frais d'achat. Par exemple, convertir une partie d'un espace d'entrepôt en espace de bureau permettrait d'économiser un loyer substantiel par rapport à l'alternative consistant à déplacer l'espace de bureau équivalent ailleurs.

Évidemment, vous devrez tenir compte des restrictions de zonage, car les autorités chargées de l'urbanisme ou des autorisations ne seraient probablement pas d'accord pour que vous transformiez un entrepôt entier en bureaux, même si elles accepteraient probablement de convertir une partie des locaux.

27. Comprenez le programme du propriétaire.
Veulent-ils un revenu maintenant ou une sécurité dans le futur ? Structurez le bail autour de cet agenda.

28. Envisagez un partenariat conjoint avec le propriétaire.
Si l'immobilier est un facteur majeur dans le succès et la croissance de votre entreprise (les supermarchés en sont un excellent exemple), envisagez de demander au propriétaire d'accepter une part des bénéfices/des capitaux propres de

l'entreprise en échange d'une réduction importante du loyer.

Il faudrait que le propriétaire ait un caractère entreprenant pour accepter cela, mais il existe quelques grands bailleurs immobiliers qui structurent ce type d'arrangement.

29. Vérifiez que la valeur imposable de votre entreprise est correcte.

Les taxes sur les locaux commerciaux sont, dans certaines juridictions, calculées en fonction de la valeur du bien immobilier. Cette valeur peut être contestée. Faire appel à un expert pour contester cela peut vous aider à obtenir un résultat.

30. Demandez une exemption pour les petites entreprises pour les tarifs d'eau et les tarifs professionnels.

Les organisations ayant le statut d'organisme de bienfaisance peuvent normalement bénéficier d'une exemption totale ou partielle, et certaines petites entreprises seront également admissibles à des exemptions. Les régions varient et peuvent dépendre des industries locales.

31. Faites un audit de responsabilité en matière de tarifs d'eau et contestez toute taxe sur l'eau.

Un audit permettra d'identifier si la responsabilité en matière de tarifs d'eau est élevée. Certaines autorités facturent soit des frais par utilisation, soit des frais fixes. Calculer la meilleure option en fonction de vos niveaux d'utilisation vous aidera à réduire les coûts.

32. Comprenez vos frais de service et ce qui est inclus.

Vos frais de service peuvent inclure un certain nombre de choses, depuis la fourniture de services de réception jusqu'au nettoyage et à la cafetière, jusqu'au nettoyage ou, si vous avez de la chance, l'accès gratuit à la salle de sport sur place. En décomposant cela, cela vous donne une idée plus claire de ce que vous pourriez payer deux fois, ou même de ce dont vous pouvez probablement vous passer.

33. Négociez une réduction des frais de service.

Négociez une réduction des frais de service lorsque les services ne sont pas nécessaires ou lorsque les frais de service n'offrent pas la meilleure valeur pour chaque service fourni.

Par exemple, ils peuvent proposer des services de réponse aux appels qui coûtent deux fois plus cher que le recours à une société de gestion d'appels externalisée. Si vous ne recevez qu'un ou deux appels par semaine, pourquoi ne pas simplement les rediriger vers votre téléphone mobile ?

34. Convertissez un bâtiment uniquement après avoir évalué les coûts du cycle de vie. Si vous convertissez un bâtiment existant pour changer son utilisation, évaluez le cycle de vie et les coûts de conversion par rapport à ceux d'un bâtiment déjà conçu à cet effet.

Il est important de comprendre combien d'années il faudra pour récupérer ce coût de conversion. En tenant également compte de la valeur de revente marchande du bâtiment nouvellement converti.

35. Évitez les problèmes pour réduire les honoraires professionnels.

En choisissant de ne pas susciter de motif de dispute avec le propriétaire ou les entreprises voisines, vous n'aurez plus besoin de faire appel à des conseillers professionnels tels que des avocats. Entretenir correctement un immeuble empêchera également l'interférence du propriétaire ou de son agent.

36. Réduisez l'impôt à payer sur la propriété en choisissant la bonne structure.

Une option pourrait consister à créer une entité juridique dans le seul but de posséder la propriété, puis à la louer à l'entreprise, séparant ainsi l'activité principale des obligations fiscales liées à la propriété de la propriété.

37. Envisagez un refinancement si une propriété est possédée.

Un bon courtier financier peut vous conseiller sur le bon moment pour refinancer. Une telle décision pourrait également libérer des capitaux propres supplémentaires résultant de toute augmentation de valeur. Il est important d'être conscient des implications fiscales en faisant cela.

38. Consolidez les opérations à distance.

Si vous opérez à partir de plusieurs sites, envisagez de consolider certaines opérations pour gagner en efficacité. Vous pourriez ainsi éventuellement augmenter la taille d'une propriété tout en réduisant considérablement la taille des autres propriétés. Le coût par pied carré d'espace est souvent moins cher pour un bâtiment plus grand que pour un bâtiment plus petit.

39. Externalisez les « fonctions non essentielles » pour réduire la demande d'espace.

Si votre entreprise est un restaurant, la fonction principale de l'entreprise est de fournir de la nourriture aux clients. Si vous devez employer du personnel pour faire autre chose que préparer et servir la nourriture, celles-ci sont considérées comme des fonctions non essentielles et peuvent détourner l'entreprise de la fourniture de ses services.

Ces fonctions non essentielles pourraient inclure le recrutement du personnel, la paie, la comptabilité, le marketing, les réservations de tables, la gestion immobilière, le nettoyage, la réponse aux appels, etc.

Dans les bâtiments plus grands, il se peut qu'il soit nécessaire d'avoir une présence à temps plein pour certaines de ces fonctions, comme celle d'un nettoyeur, mais l'externalisation de ce rôle supprime le besoin de gérer ce rôle ou cette personne.

Une telle gestion ou supervision détournera l'entreprise et son personnel du service à ses clients et, en fonction de la fonction, pourrait nécessiter un niveau de formation ou d'expertise de la part des chefs d'entreprise afin de gérer correctement cette fonction.

40. **Partagez la demande de produits, de services et d'espace avec d'autres personnes autour de vous.**
Se réunir avec des entreprises similaires peut contribuer à réduire le coût de produits ou de services particuliers. Par exemple, considérons les derniers

développements immobiliers de grande hauteur construits au cours des deux dernières années.

Plutôt qu'un bâtiment construit par une seule entreprise, par exemple un hôtel, il est désormais beaucoup plus courant de construire un bâtiment plus grand et de le diviser en espace hôtelier, espace bureau, espace salle de sport, espace résidentiel, espace restaurant et même espace de vente au détail. espace.

Nous n'avons pas besoin de regarder les immeubles de grande hauteur de 110 étages pour en voir des exemples ; nous pouvons le constater dans la plupart des nouveaux développements dans n'importe quelle ville. Il ne fera peut-être que 6 ou 8 étages, mais il comprendra toujours des espaces hôteliers, des espaces commerciaux au rez-de-chaussée et des bureaux dans le reste de l'espace.

Ce faisant, ces occupants du bâtiment bénéficient des avantages d'être dans un tel emplacement avec les autres entreprises, mais peuvent partager les coûts du bâtiment tels que l'entretien du terrain, la sécurité, l'infrastructure informatique, les services de réception, le nettoyage, la gestion des installations, jusqu'à l'achat en gros de leurs rouleaux de papier toilette pour le bâtiment, simplement en ajoutant un étage supplémentaire ou en étendant légèrement la surface au sol.

41. **Partagez des systèmes critiques avec des entreprises similaires.**
La mise en place de systèmes et d'infrastructures critiques peut s'avérer extrêmement coûteuse pour toute entreprise opérant individuellement. En travaillant avec d'autres entreprises, chacune peut bénéficier de l'épine dorsale

des systèmes, chacune ayant simplement un coût beaucoup plus faible pour l'adaptation personnelle des systèmes.

Un bon exemple de cela peut être vu avec le « stockage dans le cloud ». Il y a quelques années à peine, une entreprise devait investir dans ses propres serveurs informatiques et dans son propre logiciel personnalisé. Gérer une entreprise coûtait cher.

Lorsque les services cloud ont été mis en ligne, l'infrastructure principale était fournie à distance tandis que chaque entreprise configurait simplement le service en fonction de ses propres besoins opérationnels. Il est encore possible de gagner en efficacité en regroupant davantage ces demandes.

42. Rassemblez les fournitures immobilières avec d'autres acheteurs.

Regrouper la demande de biens immobiliers signifie qu'au lieu d'acheter 20 rouleaux de papier toilette par mois, le pouvoir d'achat combiné pourrait être de 20 000 rouleaux de papier toilette par mois. Cela signifie que vous pouvez acquérir un pouvoir d'achat suffisant pour négocier directement avec le fabricant plutôt que d'acheter au détail, voire en gros.

C'est effectivement ainsi que fonctionne le marché de gros. Ses clients sont un groupe d'entreprises similaires et, à ce titre, ils peuvent négocier des remises plus importantes en fonction des habitudes d'achat de ses clients.

43. Rassembler les besoins en espace.

Se réunir avec d'autres ouvre une voie pour partager de l'espace avec eux. Par exemple, imaginons qu'il y ait cinq entreprises locales, trois ont besoin d'espace à court terme, tandis que les deux autres ont de l'espace disponible en raison de la promotion d'un nouveau plan de travail à distance pour leur personnel. Il existe également un centre communautaire local qui dispose de bureaux, mais ceux-ci ne sont pratiquement jamais utilisés.

En se réunissant, tout cet espace peut être utilisé comme s'il s'agissait d'une seule grande entreprise, chacun payant/étant simplement payé pour l'espace utilisé tandis que chacun atteint une utilisation maximale de l'espace.

44. Embauchez un bon avocat spécialisé en droit immobilier.

Un bon avocat spécialisé en droit immobilier testera le caractère « raisonnable » du bail et pourra se battre pour un bail plus équitable, plus favorable aux locataires et plus convivial.

45. Réduisez les primes d'assurance en augmentant la franchise.

L'augmentation de la franchise sur n'importe quelle police peut réduire les primes d'assurance, en particulier dans les entreprises à risque plus élevé ou les plus récentes.

46. Ne surévaluez pas l'assurance.

Obtenez une évaluation à jour pour éviter une surévaluation et une sous-évaluation critique.

47. Assurer seulement pour la reconstruction.

Lorsque vous souscrivez une assurance bâtiment, vous ne devez assurer que le coût de la reconstruction, qui doit être bien inférieur à la valeur marchande réelle.

48. Payez votre prime d'assurance à l'avance.

Vérifiez auprès de votre assureur s'il est possible d'économiser de l'argent en payant d'avance et si les flux de trésorerie le permettent, faites-le.

Assurez-vous ainsi que si vous devez apporter des modifications à la police ultérieurement, vous ne serez pas confronté à des frais supplémentaires.

49. Évitez les frais d'assurance de plus en plus élevés, essayez d'éviter les réclamations si possible.

Augmenter la franchise peut dissuader de présenter une réclamation pour des montants insignifiants, car le coût des réparations sera probablement considérablement inférieur à la franchise.

50. Numérisez tous les documents vers le cloud.

Plutôt que de stocker des boîtes remplies d'anciennes factures et notes de frais, numérisez-les toutes dans votre stockage cloud, en vous débarrassant de toutes les copies papier et en économisant sur les coûts de stockage. Pour économiser davantage, plutôt que de numériser les documents et de les stocker sur le disque cloud principal de votre entreprise, pourquoi ne pas utiliser l'un des services cloud gratuits, puis partager l'accès au disque avec toute personne de l'entreprise qui pourrait en avoir besoin.

PARTIE 2:

Entretenir votre propriété

51. **Réduisez les coûts de vétusté de l'immobilier.**
Ceci peut être réalisé en mettant en place un programme d'entretien préventif pour tous les services et la structure du bâtiment.

52. **Gardez votre propriété en bon état.**

En vertu d'un contrat de location, et en vertu des règlements en matière de santé et de sécurité, il est de votre responsabilité de bien entretenir vos locaux. Un plan de maintenance planifiée et préventive peut être réalisé à un coût minime pour l'entreprise. Cela représente également une bien meilleure image auprès des clients et du personnel.

Les propriétaires ainsi que les autorités gouvernementales ont le droit d'émettre un calendrier provisoire de réparation, ainsi que d'éventuelles amendes.

En cas de blessures, les sanctions peuvent également inclure des peines de prison pour le propriétaire de l'entreprise et l'équipe de direction. Les compagnies d'assurance insistent également pour maintenir le bâtiment correctement entretenu et refuseront une réclamation si elles ne disposent pas de preuves documentées de l'entretien effectué et d'un plan d'entretien à jour.

53. **Utilisez un logiciel pour contrôler les problèmes d'entretien de la propriété.**
L'utilisation d'un progiciel professionnel pour signaler, suivre et gérer tout problème de maintenance libère votre mémoire pour vous concentrer sur la gestion de votre entreprise plutôt que de surveiller l'arrivée d'un entrepreneur pour résoudre les problèmes. Il existe actuellement un certain nombre de forfaits gratuits ou à faible coût.

54. **Utilisez un registre d'actifs avec un journal d'historique.**
En utilisant un registre d'actifs avec un journal d'historique documenté, vous pouvez enregistrer l'historique des éléments et identifier comment l'élément a

été entretenu, quand il a été inspecté pour la dernière fois et quand l'élément a été remplacé pour la dernière fois.

Un bon journal d'historique devrait également vous permettre de lier certains documents aux articles, tels que les factures de l'entrepreneur ou les copies des certificats de garantie.

55. Rassemblez la demande de services immobiliers avec d'autres entreprises. Pour réduire les coûts administratifs et de gestion, de nombreux prestataires de services se concentrent souvent uniquement sur les gros clients. En effet, il faut les mêmes ressources pour gérer et facturer un client possédant une propriété que pour un client possédant 50 propriétés.

S'il doit gérer 50 clients individuellement, cela représente 50 points de contact, 50 contrats, 50 appels d'offres, 50 bons de commande, 50 factures, etc. En s'associant à d'autres, l'entrepreneur est motivé à fournir des services à moindre coût car il a réduit les coûts administratifs. .

56. Choisissez un géomètre immobilier expérimenté.

Avant de souscrire un bail, demandez à un géomètre immobilier expérimenté d'effectuer une évaluation des responsabilités en matière de vétusté et de préparer un état précis de l'état, y compris des photos détaillées de l'état du bâtiment, si nécessaire.

57. Restez au courant de tout problème de maintenance.

Le moyen le plus simple d'y parvenir est de mettre en place un plan de maintenance fixe dès le premier jour, ce qui signifie que vous pouvez pratiquement l'oublier et concentrer votre attention sur votre activité. Cela facilite également la budgétisation des problèmes de maintenance tout au long de l'année.

58. Trouvez un bon expert en vétusté.

Pendant ou à la fin de votre bail, trouvez un bon expert en vétusté pour vous aider à contester et réduire toute réclamation pour vétusté.

59. Améliorez votre système de protection incendie.

Réduisez l'assurance des biens en vous assurant qu'elle dispose d'un système de protection incendie adapté et régulièrement entretenu.

60. **Réduisez les primes d'assurance en installant une alarme anti-intrusion NACOSS/NSI.**
La plupart des assureurs insistent pour que cela soit une exigence de base de la police et refusent souvent toute réclamation si elle n'est pas en place ou sans plan de maintenance actif en place.

61. **Installez des portes, fenêtres et serrures approuvées par l'assurance.**
Assurez-vous que les portes, fenêtres et serrures sont approuvées par l'assurance et sont bien entretenues avec un plan d'entretien en place.

62. **Installez un coffre-fort agréé par les assurances sur les lieux.**
Lorsque des objets de valeur plus élevée ou des espèces sont conservés sur place, cela peut être une exigence obligatoire de la part de la compagnie d'assurance, mais lorsque

ce n'est pas obligatoire, cela devrait contribuer à réduire les primes et constitue en tout cas une bonne pratique pour protéger l'entreprise contre le vol, l'incendie et risque d'inondation.

63. Utilisez une vidéosurveillance approuvée par l'assurance.

Installez un système de vidéosurveillance approuvé par l'assurance, surveillé et entretenu à distance par une société de surveillance agréée NSI/SIA.

64. Demandez au personnel de vérifier les casiers judiciaires.

Faire vérifier les éventuels détenteurs des clés des locaux ainsi que le personnel du CRB et informer les assureurs de cette démarche.

Assurez-vous que ce processus est clairement documenté avec des certificats stockés en toute sécurité pour une utilisation ultérieure en cas de réclamation.

65. Inspectez et taillez régulièrement les arbres ou les buissons.

Cela présente de multiples avantages. Cela réduira les coûts d'entretien liés au ramassage des branches mortes. De plus, si un arbre endommage la propriété, cela augmentera les primes d'assurance à l'avenir et pourrait également nuire gravement aux opérations commerciales.

Enfin, la plupart des assureurs demandent que cela soit fait afin de réduire les zones de camouflage pour les criminels potentiels. De nombreuses compagnies d'assurance ont commencé à refuser la couverture lorsqu'il y a un arbre situé à une distance définie des locaux.

66. **Inspectez régulièrement toutes les conduites d'eau/réservoirs d'eau pour en vérifier l'isolation.**

   S'assurer que les canalisations et les réservoirs sont correctement isolés permettra d'éviter le risque d'éclatement des canalisations ou des réservoirs d'eau en cas de gel. Il est conseillé de vérifier l'isolation au début et à la fin de la saison hivernale.

67. **Utilisez des inhibiteurs chimiques dans votre système de chauffage.**

   Leur utilisation arrêtera l'accumulation de dépôts de corrosion et pourrait améliorer l'efficacité du système de chauffage jusqu'à 15 %. Cela peut augmenter l'efficacité de la chaudière d'environ 4 à 5 %.

68. **Achetez des équipements et des services de maintenance en fonction des coûts du cycle de vie.**

De nombreuses entreprises achèteront un produit ou un service en fonction des coûts initiaux, mais cette option peut entraîner des coûts plus élevés par la suite.
Beaucoup d'entre nous ont acheté un équipement électrique, pour ensuite qu'il tombe en panne 2 mois hors garantie. Il en va de même dans le monde des affaires.

Certains éléments à prendre en compte sont les coûts réels du cycle de vie, la durée de la garantie, les coûts encourus pendant cette période, ce qui se passe en dehors de cette période, le coût des réparations, les coûts de maintenance pour chaque option et les coûts de fonctionnement. Il peut y avoir deux options identiques en fonction du prix, mais si l'une coûte deux fois plus cher en coûts de maintenance et en coûts de fonctionnement globaux, elle entraîne un coût de cycle de vie considérablement plus élevé.

69. Achetez un plan de maintenance préventive pour chaque type de service. Payer un peu d'avance pour entretenir correctement l'équipement garantira que l'équipement durera plus longtemps et réduira le besoin de maintenance réactive ou de remplacement d'équipement.

Il a été démontré que les équipements durent 10 fois plus longtemps, la maintenance réactive étant presque complètement éliminée lorsqu'un plan de maintenance préventive a été mis en œuvre. Bien qu'il y ait un coût initial à payer, les coûts globaux sur une durée de 10 ans peuvent permettre d'économiser jusqu'à 70 % par rapport à l'absence de plan de maintenance préventive.

En plus des économies de coûts directes, il est également prouvé qu'il réduit les temps d'arrêt dans une entreprise, qu'il peut améliorer la réputation de la marque auprès du personnel et des clients, qu'il réduit le temps de gestion nécessaire pour résoudre les problèmes et qu'il peut également améliorer les flux de trésorerie sans avoir à le faire. procéder au remplacement des équipements à des moments inattendus.

Par exemple, si une entreprise avait une panne de chaudière, elle devrait fermer ses portes jusqu'à ce qu'une chaudière de remplacement soit trouvée. Ce remplacement pourrait obliger l'entreprise à trouver entre 10 000 $ et 500 000 $ pour une nouvelle chaudière de remplacement. Ajoutez à cela la perte de revenus pendant que l'entreprise ne fait pas d'activité, et le coût pourrait très facilement doubler. Certaines entreprises ne pourraient pas redémarrer après avoir subi un tel coup dur pour leur trésorerie.

Une réclamation d'assurance serait également sans valeur, car toutes les compagnies d'assurance insistent pour que l'équipement soit correctement entretenu avec un programme de maintenance documenté et continu pendant toute la durée de vie de l'équipement.

PARTIE 3 : Énergie

70. Réalisez un audit énergétique de votre propriété.

En réalisant un audit énergétique de la propriété, vous identifierez toute faiblesse dans l'efficacité énergétique des locaux et prioriserez les zones afin d'économiser de l'énergie.

71. Isoler les réservoirs et les canalisations.

L'isolation d'un réservoir d'eau et de ses canalisations peut réduire considérablement les coûts énergétiques.

Par exemple, une veste de réservoir de taille domestique normale coûte environ 15 dollars, mais permettra d'économiser 45 dollars par an sur la facture énergétique. De même, un investissement d'environ 10 $ dans l'isolation des canalisations peut générer des économies d'environ 15 $ par an.

72. Remplacez les anciennes chaudières par de nouvelles chaudières économes en énergie.

La plupart des chaudières de plus de dix ans peuvent fonctionner avec un rendement compris entre 45 et 85 %. Cela signifie que pour 1 000 unités d'énergie créées par la chaudière, elle n'en produit que 450, soit 45 %, le reste étant perdu à cause des inefficacités et de l'environnement. La plupart des nouvelles chaudières fonctionnent à un rendement de 95 % ou plus, les chaudières à plus grande échelle fonctionnant à un rendement beaucoup plus proche de 100 %.

73. **Isolez les combles et les vides du plafond.**
Environ 25 % de l'air chauffé/refroidi est perdu dans les combles non isolés et les vides du plafond.

Bien que de nombreux locaux soient déjà isolés, la plupart devraient l'améliorer car il est recommandé qu'il y ait un minimum d'isolation de 300 mm. À moins qu'il ne soit construit au cours des dernières années, le bâtiment aura probablement moins de 100 mm.

74. **Installez l'isolation des murs.**
Outre les combles et les toits, l'air chauffé/refroidi est également perdu à travers les murs. Cela peut représenter jusqu'à 66 % de la perte totale de chaleur. Les options peuvent varier de l'isolation des

murs creux aux panneaux isolés internes et externes.

75. Améliorez les unités vitrées.

Améliorez tous les vitrages du bâtiment en optant pour un triple vitrage de classe A sur les fenêtres orientées au nord et un double vitrage de classe A sur les fenêtres orientées au sud.

76. Vérifiez les lacunes ou les joints brisés dans les unités vitrées.

Vérifiez les fenêtres, les portes et les panneaux vitrés pour déceler tout espace ou joint brisé. Vérifier les unités vitrées pour déceler des courants d'air ou des espaces entre le verre et le cadre de plus de 1 mm peut aider à repérer les zones de perte de chaleur, et prendre des mesures dans ces zones peut réduire les pertes d'énergie.

77. Gardez les fenêtres fermées lorsque vous utilisez un équipement de chauffage ou de climatisation.

Bien que cela semble évident, de nombreuses personnes ouvrent une fenêtre lorsqu'elles sentent qu'il fait trop chaud alors que le système de chauffage est encore en fonctionnement. Cela peut être particulièrement le cas dans les grands bâtiments où travaillent plus de deux ou trois employés.

78. Gardez les portes fermées lorsque vous utilisez un équipement de chauffage ou de refroidissement.

En gardant les portes fermées, l'air conditionné peut s'accumuler beaucoup plus rapidement dans un espace particulier. Si les portes sont ouvertes, l'air chauffé se dissipera dans les couloirs et les pièces adjacentes, mettant beaucoup plus de temps à chauffer l'espace souhaité.

79. Installez des coupe-vent autour des portes.
Au fil du temps, les parties internes d'un bâtiment peuvent se dilater et se contracter, en fonction des niveaux de chaleur et d'humidité, avant et après l'installation. Cela est particulièrement évident au cours des deux ou trois premières années. Cela peut signifier que des espaces peuvent se former autour des portes, laissant un petit espace pour que l'air puisse passer entre les zones, provoquant ainsi un courant d'air. Certaines portes plus chères ont des coupe-vent intégrés à la porte d'origine. Lorsque ce n'est pas le cas, l'ajout d'une bande de tirage peut être un moyen peu coûteux d'améliorer l'efficacité énergétique d'un espace.

80. Installez des capteurs sur les portes et les fenêtres.

Installez des capteurs pour éteindre automatiquement les équipements de chauffage ou de refroidissement en cas d'ouverture de portes ou de fenêtres. Le fait de relier ces capteurs à une alarme peut également contribuer à modifier le comportement du personnel en matière d'amélioration de l'efficacité énergétique du bâtiment.

81. Installez des rideaux d'air.

Installez des rideaux d'air au-dessus des portes extérieures pour empêcher autant que possible l'air refroidi/chauffé de quitter la zone.

82. Construisez un hall séparé.

Construisez un hall d'entrée où les personnes/véhicules entrent dans le bâtiment, en particulier là où se déroulent les activités, pour empêcher l'air chauffé/refroidi de s'échapper.

83. **Isolez le sol.**

    Environ 15 % de la chaleur et du refroidissement sont perdus par le sol. L'isolation d'un sol peut être un processus très perturbateur pour votre entreprise et ne doit donc être envisagée que dans le cadre d'une rénovation progressive ou complète du bâtiment.

84. **Installez un système de chauffage par le sol.**

    Il s'agit du type de système de chauffage le plus efficace car il est installé au niveau des pieds et monte jusqu'au niveau de la tête. Il est également réparti de manière égale sur toute la zone, contrairement aux systèmes de chauffage conventionnels. Il peut être contrôlé par zone, mais n'est pas aussi ciblé que de brancher un seul radiateur soufflant électrique à côté d'un occupant.

Il existe deux types de système de chauffage par le sol : d'une part, un système à canalisations, et d'autre part, un système à tapis électrique.

Le système de tapis électrique est beaucoup plus facile à contrôler et il dispose d'un interrupteur marche/arrêt presque instantané, mais il est assez coûteux en termes de coûts de fonctionnement. Le système de canalisations est beaucoup moins cher en termes de coûts de fonctionnement, utilisant un réseau de canalisations circulant autour de la surface au sol et un générateur de chaleur central qui peut provenir de chaudières à biomasse, à gaz ou à mazout, pompant du liquide chauffé autour du réseau de canalisations jusqu'à ce que la zone atteigne la température requise.

Le système de canalisations prend beaucoup plus de temps à chauffer/refroidir, mais ce problème peut être résolu en incorporant un dispositif de surveillance météorologique, ainsi qu'une synchronisation automatisée basée sur les niveaux d'occupation dans le bâtiment.

L'utilisation d'un système au sol signifie également que les surfaces murales ne sont pas occupées par des radiateurs ou des conduits.

Ce type de mesure n'est vraiment adapté qu'aux locaux faisant l'objet d'une rénovation progressive ou complète, car elle nécessite que de grandes zones de revêtement de sol soient ouvertes, mais elle peut en même temps être liée à l'isolation de la surface de plancher.

85. **Éteignez les PC et autres équipements électriques en mode veille.**

En mettant complètement l'équipement hors tension, un petit bureau de 2 à 3 personnes peut économiser environ 100 $/an.

86. **Baissez votre thermostat de chauffage d'un degré Celsius.**
En baissant votre thermostat de chauffage d'un seul degré Celsius, vous économiserez 8 % de votre consommation d'énergie de chauffage.

87. **Augmentez votre thermostat de refroidissement de 1 Celsius.**
Augmenter le thermostat d'un degré Celsius permettra d'économiser 8 % de votre consommation d'énergie de refroidissement.

88. Automatisez tous les systèmes.

L'automatisation du contrôle des systèmes de chauffage et de refroidissement pour qu'ils se mettent en marche juste avant l'arrivée du personnel (si nécessaire) permet à l'équipement de fonctionner lorsque le personnel n'est pas dans le bâtiment.

89. Supprimez tout contrôle humain.

Supprimer la possibilité pour les occupants du bâtiment d'ajuster la température peut vous aider à maintenir une température uniforme et confortable pour tous les occupants du bâtiment.

Par exemple, un occupant peut trouver qu'il fait trop chaud et allumer la climatisation, tandis que les autres occupants trouvent qu'il fait trop frais et allument alors le chauffage.

En plus d'avoir deux systèmes fonctionnant l'un contre l'autre, cela signifie également que les deux systèmes doivent travailler très dur pour chauffer/refroidir l'air prétraité juste pour le ramener à ce qu'il était déjà. En supprimant tout contrôle, cela supprime la capacité du personnel à le faire.

90. **Fournissez au personnel des sweat-shirts et des vestes de travail de marque.**
Cela améliorera la présence de votre marque à l'extérieur, mais signifie également que les occupants du bâtiment seront moins enclins à augmenter le chauffage car ils porteront des sweat-shirts et ne ressentiront pas autant le froid.

En fournissant des sweat-shirts au personnel, vous pourriez baisser le chauffage de 2 ou 3 degrés Celsius sans qu'ils ne s'en aperçoivent, ce qui vous permettrait d'économiser près de 25 % sur votre facture d'énergie de chauffage. Faire de même pour les espaces climatisés permettra d'obtenir le même résultat final.

91. Développer une culture d'économie d'énergie et un programme d'ambassadeurs.

Offrez des récompenses au meilleur individu ou groupe pour ses performances. Un tel programme pourrait être utilisé pour promouvoir les références environnementales de votre entreprise auprès du monde extérieur et contribuer à renforcer votre marque auprès des clients existants et potentiels.

92. Installez des stores sur les fenêtres pour éviter la surchauffe.

L'installation de stores, en particulier sur les fenêtres orientées au sud, réduit la quantité de chaleur pénétrant dans le bâtiment, ce qui réduit la quantité de refroidissement nécessaire.

Il s'agit d'une forme supplémentaire de contrôle du chauffage/refroidissement d'un bâtiment.

93. Utilisez une protection solaire sur le bâtiment.

L'utilisation de protection solaire sur un bâtiment reflète les reflets du soleil loin des fenêtres et peut également améliorer l'apparence de certains bâtiments.

94. Baissez la température de l'eau.

Si votre entreprise utilise du matériel de blanchisserie, baissez la température de l'eau à 30 Celsius au lieu de 40 Celsius.

95. Achetez des appareils économes en énergie.

La plupart des appareils électriques ont une cote d'efficacité énergétique comprise entre A et G. Choisir le plus économe en énergie peut coûter un peu plus cher au départ, mais peut économiser jusqu'à 130 $ par an en frais de fonctionnement.

96. Remplacez les bains par des douches.

Si votre entreprise a besoin de fournir des installations de baignade, comme un hôtel, supprimez toutes les baignoires et installez à la place des douches avec des pommeaux économes en eau. Cela pourrait vous faire économiser jusqu'à 200 $ par an sur les factures d'énergie et d'eau par bain.

97. Remplacez l'ancien éclairage par un nouvel éclairage LED.

Remplacez l'éclairage halogène, à décharge et fluorescent par un éclairage intelligent à LED. Cela permet d'économiser jusqu'à 87 % des coûts de fonctionnement, sa durée de vie est jusqu'à 25 fois plus longue et son coût de maintenance est pratiquement nul.

98. **Installez des capteurs de niveau de lumière du jour pour contrôler les niveaux de lumière.**
Cela signifie que si le soleil commence à briller à midi, le système d'éclairage s'atténuera automatiquement, économisant ainsi de l'énergie.

99. **Installez des capteurs de présence plutôt que des interrupteurs d'éclairage.**
Celui-ci peut être divisé uniquement pour fonctionner sur une zone très petite et spécifique, telle qu'un espace de bureau, au sein d'un espace de bureau beaucoup plus large. Il peut être utilisé pour n'importe quel type de bâtiment plutôt que pour des espaces de bureaux uniquement.

100. Utilisez des couleurs vives pour décorer les surfaces.

Dans la mesure du possible, décorez les murs, les sols et les plafonds aux couleurs vives en utilisant des matériaux réfléchissants.

101. Réduisez la hauteur des plafonds.

Si la hauteur du plafond est supérieure à 2,4 mètres, essayez de la réduire en installant un nouveau plafond suspendu. Réduire un plafond de 3,5 mètres de haut à 2,4 mètres peut réduire la demande de chauffage, de climatisation et d'éclairage pour cette zone de plus de 30 %.

102. Utilisez du ruban réfléchissant à l'arrière des radiateurs.

L'utilisation de bandes réfléchissantes à l'arrière des radiateurs réduit la perte de chaleur dans le mur.

103. Zones de zone du bâtiment pour un meilleur contrôle.

Partage une surface au sol en zones localisées pour mieux contrôler le système de chauffage/refroidissement/éclairage signifie que si seulement une petite zone des locaux est utilisée, vous n'aurez pas besoin de chauffer/refroidir/éclairer toute la surface au sol.

104. Installez des thermostats de zone pour chaque zone.

L'installation de thermostats individuels pour chaque zone signifie que lorsqu'une zone plus petite est à la bonne température, la zone s'éteint, ce qui rend l'équipement beaucoup plus efficace.

105. Installez un réservoir tampon pour réduire le cycle de la chaudière.

L'intégration d'un réservoir tampon/accumulateur pour stocker l'eau chauffée/refroidie prête à circuler dans les locaux réduit le cycle de la chaudière et contribue à son fonctionnement efficace. Si vous utilisez un réservoir tampon, assurez-vous qu'il n'est pas surdimensionné, car un réservoir surdimensionné n'utilisera pas toute sa capacité en eau avant que la température de l'eau ne disparaisse.

106. Générez votre propre énergie sur place.
Générez votre propre énergie sur place et revendez l'énergie excédentaire au réseau. Cela réduit votre dépendance à l'égard de la compagnie d'énergie tout en réduisant vos coûts énergétiques.

107. Utiliser la récupération de chaleur pour faire recirculer la chaleur.
Prendre l'air chauffé d'une zone, le nettoyer et le redistribuer ailleurs dans les locaux peut permettre d'économiser sur la production de chaleur.

108. Installez des panneaux solaires photovoltaïques.

Installer des panneaux solaires photovoltaïques pour produire votre propre électricité à partir du soleil signifie que vous obtenez de l'électricité gratuite et que tout excédent d'électricité peut être revendu au réseau.

109. Installez une éolienne.

Installer une éolienne pour produire de l'électricité à partir du vent sur place signifie que vous pouvez produire de l'électricité à chaque fois que le vent souffle. L'électricité excédentaire peut être revendue au réseau.

110. Installez une unité de cogénération sur site.

L'installation d'une unité de cogénération (chaleur et électricité) pour produire de la chaleur/refroidissement et de l'électricité à partir de gaz ou de biomasse peut entraîner une réduction des coûts énergétiques, et l'énergie excédentaire peut être exportée vers le réseau ou vendue aux bâtiments voisins.

111. Installez une chaudière à biomasse.

L'installation d'une chaudière à biomasse pour générer de la chaleur/refroidissement utilisant des combustibles issus de la biomasse tels que des granulés, des bûches ou des copeaux peut réduire considérablement les coûts de chauffage de vos locaux.

112. Installez une pompe à chaleur à air.

L'installation d'une pompe à chaleur à air pour générer de la chaleur/refroidissement à partir de l'air peut réduire le coût de fonctionnement de vos systèmes de chauffage/refroidissement.

113. Installez une pompe à chaleur géothermique.

Installez une pompe à chaleur géothermique pour générer de la chaleur/du refroidissement à partir du sol. Cela se fait soit en creusant une grande fosse et en enterrant des serpentins de tuyauterie, soit en forant un grand trou de forage dans le noyau terrestre. Il s'agit d'une alternative aux pompes à chaleur à air.

114. Installer un chauffe-eau solaire (solaire thermique).

Cela génère de l'eau chaude à partir du soleil. Cela fonctionne de la même manière que l'énergie solaire photovoltaïque, sauf que l'eau est contenue dans un certain nombre de cylindres à l'intérieur du panneau et acheminée vers votre cylindre de stockage.

115. Remplacez tous les radiateurs électriques à accumulation.

Remplacez les radiateurs électriques à accumulation par un système de chaudière efficace. En fonction de leur tarif, le chauffage à accumulation peut être l'un des types de systèmes de chauffage les plus coûteux tout en étant inefficace.

116. Changer de fournisseur d'énergie.

Comparer et changer de fournisseur d'énergie peut économiser plus de 10 % sur vos factures d'énergie.

117. Payez par prélèvement automatique.

Demandez à votre fournisseur d'énergie si payer par prélèvement automatique est moins cher ou quelle pourrait être l'option la moins chère pour économiser de l'argent sur vos factures d'énergie.

118. Achetez votre énergie en gros.
Regroupez-vous avec d'autres personnes de votre région pour augmenter le pouvoir d'achat et obtenir une remise plus importante.

119. Réduisez la consommation d'eau.
Réduire la consommation d'eau, notamment d'eau chaude, réduira vos factures d'énergie, à la fois en termes de chauffage de l'eau mais aussi si la propriété est raccordée à un compteur d'eau. Cela réduira les unités consommées par la propriété, réduisant ainsi la facture d'eau globale.

120. Effectuez un test de pression sur l'alimentation en eau.

Effectuer un test de pression sur l'alimentation en eau permettra d'identifier toute fuite potentielle dans le système. Ceci est particulièrement important entre le compteur externe et l'endroit où l'eau entre dans le bâtiment. Même un petit ruissellement à chaque raccordement dans le tuyau peut entraîner des coûts supplémentaires dans votre coût de l'eau au fil du temps.

121.   Vérifiez l'étalonnage du compteur.

L'installation de compteurs secondaires sur tous les services avec compteurs vous permettra de comparer votre approvisionnement officiel avec compteurs avec vos propres relevés de compteurs. Des inexactitudes allant jusqu'à 40 % ont été constatées dans certains locaux, ce qui pourrait permettre à votre entreprise d'économiser considérablement de l'argent.

122. Utilisez la chaudière pour produire de l'eau chaude.

Plutôt que d'utiliser des thermoplongeurs électriques pour chauffer l'eau, utilisez la chaudière combinée à un accumulateur thermique ou à un réservoir accumulateur.

123. Remplacez les sèche-mains par de nouveaux appareils économes en énergie.

Installez des sèche-mains économes en énergie à la place des vieux sèche-mains ou des serviettes en papier inefficaces.

124. Passez au numérique et éliminez le gaspillage de papier.

Supprimer les processus papier de l'entreprise ; utilisez plutôt des processus informatiques pour réduire le gaspillage de l'entreprise.

125. Utilisez des capteurs de présence pour réduire l'eau.

Utilisez des capteurs sur les robinets, en particulier dans les espaces publics, pour empêcher les personnes de laisser les robinets ouverts et la chasse d'eau des toilettes.

126. Ne chauffez pas l'eau lorsque le bâtiment n'est pas occupé.

Des économies peuvent être réalisées en installant un système de contrôle automatisé ou en prenant des mesures très élémentaires telles que l'installation d'une horloge.

127. Installez des régulateurs de débit sur les douches pour réduire l'eau.

Bien que cela ne doive pas être effectué sur les douches électriques, un régulateur de débit réduira la quantité d'eau utilisée.

128. Remplacez les douches électriques par des douches à mitigeur classiques.

En remplaçant les unités de douche électriques par des mitigeurs, cela signifie qu'un système de chaudière efficace peut générer de la chaleur plutôt que d'utiliser une unité de douche électrique de haute qualité pour la générer.

Une douche électrique peut utiliser jusqu'à 40 fois plus d'énergie pour chauffer l'eau, qu'une chaudière générant de l'eau chauffée avec une efficacité et une échelle bien supérieures.

129. Achetez les produits recommandés par Waterwise.

Achetez uniquement des produits économes en eau qui ont été étiquetés par la coche recommandée par Waterwise.

130. Former le personnel.

Éduquez le personnel et les clients sur la meilleure façon d'être économe en énergie et en eau. En les éduquant sur la meilleure façon d'utiliser l'énergie, ils peuvent utiliser ce qu'ils ont appris et l'utiliser également dans leur environnement domestique, ce qui signifie que cela commence à devenir une habitude et un mode de vie pour eux, cimentant ainsi le processus dans leur esprit.

131. Réparez les robinets qui gouttent le plus rapidement possible.

Un robinet qui goutte peut gaspiller 5 500 litres d'eau par an. Remplacer une rondelle de robinet ne prend que quelques minutes. Vaut-il la peine d'économiser autant d'eau ?

132. Remplissez les réfrigérateurs et les congélateurs.

Lorsque vous disposez d'un espace vide, utilisez du papier journal froissé ou des récipients en plastique scellés pour combler l'espace d'air. Moins il y a d'espace disponible, moins il faut refroidir.

133. Nettoyer les joints des portes du réfrigérateur et du congélateur.

Nettoyer régulièrement les joints des portes du réfrigérateur et du congélateur et vérifier qu'ils ne sont pas déchirés ou manquants signifie qu'un réfrigérateur ou un congélateur n'a pas à travailler plus dur que nécessaire.

134. Gardez les liquides réfrigérés couverts.

En scellant ou en recouvrant tous les liquides dans le réfrigérateur ou le congélateur, l'appareil n'a pas besoin de travailler aussi dur. Les vapeurs dégagées par le liquide obligent l'unité à travailler plus fort pour refroidir l'espace.

135. Faire fonctionner les unités réfrigérées à leur température optimale.

S'assurer que les unités fonctionnent à leur température optimale peut contribuer à économiser de l'argent sur les coûts de fonctionnement, car elles n'ont pas à travailler plus dur que nécessaire. La température optimale du réfrigérateur se situe entre 3 et 5 Celsius (37 et 41 Fahrenheit). Pour un congélateur, cela représente moins 18 Celsius (-0,4 Fahrenheit).

136. Installez des ferme-portes automatiques sur les portes du réfrigérateur et du congélateur.

L'installation d'un ferme-porte automatique et/ou d'un système d'alarme sur la porte se fermera automatiquement ou fera retentir une sonnerie pour alerter le personnel que la porte a été laissée ouverte.

137. Ne placez que des aliments frais au réfrigérateur.

Laisser les aliments refroidir avant de les placer au réfrigérateur signifie que le réfrigérateur n'aura pas à travailler aussi dur pour refroidir les aliments. Les aliments chauds peuvent réchauffer toute la zone. Ceci est soumis aux précautions d'hygiène.

138. Entretenez correctement vos réfrigérateurs/congélateurs.

Un réfrigérateur/congélateur bien entretenu peut réduire la consommation d'énergie des unités de 30 %.

139. Réduisez la température ambiante en installant un éclairage LED.

Installez un éclairage LED pour réduire les températures et le besoin de refroidissement. De nombreux types d'éclairage traditionnels génèrent de grandes quantités de chaleur, à tel point qu'il est impossible de toucher l'un de ces appareils sans subir des brûlures cutanées. Une unité d'éclairage LED ne crée aucune chaleur pendant son fonctionnement.

140. Réduisez la température ambiante en supprimant les équipements informatiques.

Débarrassez-vous des équipements informatiques tels que les serveurs et les disques de bureau d'une zone pour réduire les besoins en refroidissement.

141. Retirez les chargeurs de téléphone de leur utilisation.
Débranchez les chargeurs de téléphone et autres transformateurs tels que les blocs d'alimentation lorsqu'ils ne sont pas utilisés.

142. Réduisez les ébullitions inutiles.
Faites bouillir uniquement l'eau nécessaire pour préparer des boissons chaudes. Un exemple de cela pourrait être le remplacement des grandes chaudières à eau et des chaudières électriques par des bouilloires localisées dans les zones de cantine.

143. Fermez les stores la nuit.
Fermez les stores la nuit pour empêcher la chaleur accumulée pendant la journée de

s'échapper pendant les mois les plus froids. Cela améliore également la sécurité du bâtiment.

144. Améliorez l'ancien équipement.
Améliorez et remplacez tout équipement consommateur d'énergie âgé de plus de 10 ans, car l'efficacité énergétique diminue avec le temps, ou l'équipement prend simplement plus de temps pour atteindre le même rendement, consommant donc plus d'énergie pour obtenir le même résultat.

145. Nettoyer régulièrement les vitres.
Nettoyez régulièrement les fenêtres et les lanterneaux pour augmenter la lumière naturelle entrant dans le bâtiment et réduire l'éclairage nécessaire.

146. Supprimez la signalisation des fenêtres.

Retirez toute signalisation ou décoration des fenêtres et des portes pour augmenter la lumière naturelle entrant dans le bâtiment.

147. Nettoyez les diffuseurs d'éclairage, les réflecteurs et les stores.

Le nettoyage des diffuseurs, des réflecteurs et des stores permet d'augmenter le rendement lumineux de chaque unité.

148. Installez des stores horizontaux.

Utilisez des stores horizontaux qui inclinent la lumière vers le plafond plutôt que des stores occultants.

En réfléchissant la lumière vers un plafond blanc réfléchissant, celui-ci agit naturellement comme une source de lumière supplémentaire dans la pièce.

149. Installez des contrôleurs programmables.

Installez des contrôleurs programmables sur sept jours sur tous les ventilateurs de ventilation mécanique pour empêcher leur fonctionnement lorsque le bâtiment n'est pas occupé.

150. Réinitialisez les thermostats de gel.

Réinitialisez les thermostats antigel pour vous assurer qu'ils ne sont pas réglés trop haut.

151. N'utilisez pas simultanément des équipements de chauffage et de refroidissement.

Cela peut être fait en installant un système de gestion qui isolera une unité par rapport à une autre.

Idéalement, les deux systèmes ne pourraient pas fonctionner au cours de la même période, par exemple, ne pas fonctionner au cours des mêmes 12 heures, sauf en cas d'urgence.

152. Gardez les portes d'accès aux véhicules fermées autant que possible.

L'installation d'alarmes installées sur les portes d'accès dissuade le personnel de les ouvrir et de les fermer peu de temps après.

153. Éteignez les thermoplongeurs si la chaudière est en marche.

Un thermoplongeur peut consommer 16 fois plus d'énergie pour chauffer l'eau que pour utiliser une chaudière. La plupart des gens ne réalisent pas qu'un thermoplongeur est allumé et chauffe l'eau alors qu'une chaudière l'a déjà préchauffée.

154. Réduisez le stockage excessif d'eau chauffée en cas de faible demande.
Si un ballon de stockage est utilisé, assurez-vous qu'il n'est pas surdimensionné, car il ne pourra pas utiliser toute la chaleur générée. Par conséquent, il aura été chauffé sans raison.

155. Installez des ventilateurs de circulation pour améliorer la circulation de l'air.
Installez des ventilateurs de circulation dans les plafonds hauts et dans les zones de grande hauteur (par exemple, dans un environnement d'entrepôt) pour empêcher la chaleur de s'accumuler dans les poches situées en hauteur dans les combles.

156. Mettre en œuvre un service d'entretien régulier pour les équipements de chauffage.

Avoir un plan d'entretien régulier sur les équipements de chauffage peut permettre d'économiser plus de 10 % sur les coûts de chauffage.

157. Installer le séquençage des chaudières.

Si vous utilisez plusieurs chaudières, installez des commandes de séquencement des chaudières.

158. Remplacez l'ancien équipement de chaudière.

Si les chaudières ont plus de 10 ans, pensez à les remplacer par des chaudières plus efficaces. Lorsque vous envisagez une chaudière de remplacement alternative, le coût total du cycle de vie de chaque option doit être pris en compte, y compris les coûts de maintenance, les coûts futurs probables du combustible, l'espérance de vie, le coût en capital, etc.

159. **Ajustez les paramètres de l'horloge.**
Vérifiez que les réglages de l'horloge de la chaudière sont corrects ou ajustez-les si nécessaire pour éviter un fonctionnement en dehors des heures d'ouverture. Souvent, un membre du personnel, plutôt que de vérifier que l'horloge est correctement réglée, se contentera simplement de « faire avancer » la chaudière pour qu'elle s'allume en mode manuel. Cela signifie que la chaudière pourrait fonctionner 24 heures sur 24.

160. **Utilisez des capteurs de présence pour les ventilateurs d'extraction.**
Installez des commandes horaires avec des capteurs de présence sur les ventilateurs d'extraction locaux.

161. Nettoyez les grilles de ventilateur et les conduits pour garantir leur fonctionnement efficace.

Il est obligatoire que les conduits soient nettoyés régulièrement à l'intérieur, mais beaucoup ne réalisent pas que cela peut améliorer l'aspiration, ce qui améliore également l'efficacité du système car il n'a pas besoin de fonctionner aussi longtemps pour extraire le même volume de air.

162. Utilisez des thermoplongeurs uniquement dans les situations d'urgence.

L'arrêt des thermoplongeurs peut empêcher une utilisation accidentelle lorsque la chaudière chauffe déjà de l'eau.

163. Mieux contrôler l'éclairage extérieur.

Installez des commandes horaires, associées à des capteurs photocellules, pour contrôler l'éclairage extérieur.

164. Remplacez les anciennes unités de ventilateur par des neuves.

Remplacez tous les anciens ventilateurs inefficaces par des unités à haut rendement, intégrant des entraînements à vitesse variable le cas échéant.

165. Éliminez l'air chaud avec le système de ventilation.

Plutôt que d'utiliser la climatisation pour rafraîchir un bâtiment, utilisez le système de ventilation pour évacuer l'air chaud la nuit, ce qui réduit la demande de climatisation le lendemain.

166. Arrêtez de faire fonctionner les unités de climatisation à moins de 24 degrés Celsius.

Ajustez les points de consigne de température afin que la climatisation ne fonctionne pas en dessous de 24 Celsius (75 Fahrenheit), sauf pour une exigence spécifique du processus.

167. Augmente la circulation de l'air.

Augmentez la recirculation de l'air lorsque vous utilisez la climatisation pour réduire la demande sur le système.

168. Utilisez un film solaire pour réduire la chaleur.

Utilisez un film solaire sur les fenêtres orientées au sud pour réduire la surchauffe en été et réduire la demande en climatisation.

169. Utiliser la ventilation naturelle pour rafraîchir un bâtiment.

Utilisez la ventilation transversale naturelle pour rafraîchir un bâtiment plutôt que la climatisation.

170. Utilisez des ferme-portes pour séparer les zones.

Installez des ferme-portes automatiques dans des espaces séparés où la climatisation/le chauffage est utilisé dans cette zone et pour empêcher l'air traité de s'échapper vers d'autres zones.

171. Effectuer l'entretien préventif des équipements de climatisation.

La maintenance préventive réduit les temps d'arrêt, peut réduire les coûts jusqu'à 30 % et améliore la durée de vie des équipements.

172. Remplacez les anciens moteurs et variateurs par des unités à haut rendement.

Les vieux moteurs peuvent être très inefficaces. À mesure qu'ils vieillissent, les inefficacités augmentent et leur fonctionnement coûte plus cher. Remplacez-les par de nouvelles unités à haute efficacité.

173. Effectuer une imagerie thermique sur l'équipement.

Effectuez des inspections par imagerie thermique sur les équipements pour évaluer leur niveau de travail. Évaluez les raisons pour lesquelles ces équipements travaillent plus fort que d'autres et corrigez-les si possible.

Améliorez tout équipement identifié qui ne peut pas être rectifié. Souvent, les équipements plus anciens devront travailler plus dur pour générer le même niveau de production, ce qui signifie qu'ils utilisent plus d'énergie pour créer cette production.

174.   Retirez tout le matériel inutilisé.

Retirez/isolez tout équipement qui ne fait plus un travail utile.

175.   Remplacez les moteurs surdimensionnés.

Remplacez les moteurs surdimensionnés par des moteurs à haut rendement de taille appropriée. Certains moteurs ont déjà été installés sous forme d'unités surdimensionnées, dans la fausse croyance que s'ils ne devaient pas travailler aussi dur, ils consommeraient moins d'énergie. Avec les derniers moteurs à haut rendement, les moteurs peuvent être dimensionnés en fonction de la charge qu'ils entraînent, tout en consommant beaucoup moins d'énergie que leurs anciennes alternatives.

176. Remplacez les courroies d'entraînement et les poulies usées des moteurs.
Les moteurs qui travaillent plus dur consomment plus d'énergie pour faire le même travail.

177. Installer des unités d'optimisation de tension.
Envisagez d'installer des unités d'optimisation de tension pour améliorer les performances du moteur, car l'électricité fournie au moteur reste constante, ce qui signifie que le moteur n'a pas à travailler plus fort à mesure qu'il fluctue.

178. Entretenir correctement les moteurs et les entraînements électriques.

Un bon entretien des moteurs et entraînements électriques signifie moins de temps d'arrêt et un fonctionnement plus efficace. Mettre en place un plan de maintenance préventive est un bon moyen pour y parvenir.

179. Installez des variateurs de vitesse.
Remplacez les moteurs à vitesse fixe par des entraînements à vitesse variable, notamment pour les ventilateurs, les pompes et les compresseurs d'air.

180. Installer des contrôles de bâtiment.
Cela peut permettre d'économiser jusqu'à 20 % sur les coûts énergétiques et d'améliorer le fonctionnement du bâtiment.

181. Vérifiez régulièrement les pointeuses.
Vérifiez que toutes les horloges sont réglées à la bonne heure et au bon jour. Faire une vérification rapide de ces informations chaque semaine peut vous aider à économiser considérablement.

182. Réglez les cycles marche/arrêt corrects.
Vérifiez que toutes les horloges ont des cycles marche/arrêt corrects.

183. Vérifiez régulièrement tous les thermostats.
Vérifiez que tous les thermostats sont réglés sur le bon réglage et ajustez si nécessaire.

184. Vérifiez que les capteurs de présence sont correctement configurés.

Si des capteurs de présence sont installés, vérifiez leur sensibilité et leur durée de fonctionnement, et ajustez si nécessaire.

185. Installez des capteurs de présence pour tous les services.

Si aucun capteur de présence n'est déjà installé pour contrôler un équipement, demandez-vous si son installation pourrait réduire la durée de fonctionnement de l'équipement.

Par exemple, si un équipement ne doit fonctionner qu'en présence d'une personne, l'installation d'un capteur de présence sur cet équipement permettra d'économiser de l'argent.

186. Encouragez le personnel à suggérer des moyens de réduire l'énergie.

Associer cela à une forme de programme de récompense peut aider à développer des habitudes pour votre personnel et une mission d'entreprise autour du développement durable.

187. Installez des minuteries sur les appareils électriques.
Installez des minuteries sept jours sur tous les équipements, tels que les distributeurs automatiques, là où ils sont laissés normalement allumés, afin qu'ils puissent être isolés lorsque le bâtiment n'est pas occupé.

188. Utilisez la fonction d'économie d'énergie intégrée.
Si l'équipement dispose d'une fonction d'économie d'énergie intégrée, configurez-la pour fonctionner

189. Remplacez des appareils séparés par des appareils multifonctions.

Utilisez des appareils multifonctions plutôt que des appareils distincts tels que des imprimantes et des photocopieurs individuels ; utilisez un appareil central multifonctions et multi-utilisateurs.

Si l'efficacité énergétique sera augmentée avec une unité centrale, elle devrait également être moins chère lors du remplacement des cartouches d'encre.

190. Installez des moniteurs à écran plat et des téléviseurs.

Remplacez les anciens moniteurs et téléviseurs par de nouveaux modèles à écran plat.

191. Passez à un équipement informatique portable.

Dans la mesure du possible, utilisez des ordinateurs portables ou des tablettes plutôt que des ordinateurs de bureau. Ceux-ci permettent d'économiser 90 % d'énergie par rapport aux ordinateurs de bureau.

192. Réduisez le refroidissement excessif d'un espace réfrigéré.

Ne pas trop refroidir l'équipement de réfrigération. Chaque 1 Celsius équivaut à 2 % de la consommation d'énergie sur un système efficace, mais davantage sur un système plus ancien et inefficace.

193. Nettoyer les vitrines réfrigérées.

Nettoyer régulièrement les vitrines réfrigérées. Cela élimine l'accumulation de dépôts sur les bouches d'aération et les thermostats, et l'équipement peut continuer à fonctionner efficacement.

194. Utilisez des stores de nuit sur les armoires réfrigérées.

Utilisez des stores ou des couvercles de nuit bien ajustés sur toutes les armoires ouvertes pour réduire la charge de refroidissement pendant les heures non commerciales.

195. Utilisez une contremarche en verre sur les armoires réfrigérées.

Utilisez une contremarche en verre (plaque de déversoir) à l'avant des vitrines pour économiser env. 3% sur les coûts énergétiques pour le fonctionnement de chaque armoire.

196. Inspectez régulièrement la tuyauterie réfrigérée.

Vérifier l'état de l'isolation des canalisations réfrigérées et les remplacer si nécessaire.

197. Utilisez le séquençage des refroidisseurs pour contrôler plusieurs refroidisseurs.

Optimisez le séquençage des refroidisseurs pour partager la demande de réfrigération si plusieurs refroidisseurs sont présents.

198. Planifier les tâches de maintenance préventive en réfrigération.

Disposer d'un plan de maintenance préventive adapté des équipements de réfrigération. Cela peut éliminer les temps d'arrêt ainsi que la perte de biens périssables perdus pendant le temps d'arrêt d'une unité de réfrigération mal entretenue.

199. Évaluez où la chaleur s'échappe du bâtiment.

Effectuez une évaluation par imagerie thermique des façades extérieures d'un bâtiment pour déterminer où la chaleur peut s'échapper.

200. Réparer les lacunes identifiées dans la structure du bâtiment.

Remplissez ou réparez les interstices des murs pour empêcher l'air traité de s'échapper.

201. Éliminez l'humidité avant d'améliorer l'isolation.

Corrigez toute zone d'humidité dans le bâtiment avant de remplacer l'isolation affectée.

202. Utilisez des joints d'amarrage pour décharger les véhicules.

Lorsque les véhicules sont déchargés dans les quais d'un bâtiment, utilisez des joints d'amarrage autour des portes.

203. Remplacez les outils à air comprimé par des outils électriques.

Lorsque des outils à air comprimé sont utilisés, demandez-vous si des outils électriques peuvent être utilisés à la place. Les outils pneumatiques coûtent 10 fois plus en énergie pour fonctionner.

204. Entretenir correctement les équipements à air comprimé.

Avoir un plan de maintenance préventive actif pour les outils et équipements à air comprimé.

205. Réparer les fuites des compagnies aériennes

Réparez au plus vite toute fuite dans les compagnies aériennes. Chaque morceau d'air qui s'échappe de la compagnie aérienne doit être remplacé par le compresseur. Si l'air n'est pas utilisé aux fins prévues, c'est un gaspillage d'énergie.

206. Utilisez la source d'air la plus froide possible pour l'entrée du compresseur.

S'il est positionné à l'extérieur, placez le compresseur d'air sur la face nord de la zone ou du bâtiment avec de l'ombre sur les côtés sud, est et ouest. Réduire la température de l'air entrant de 6 Celsius peut réduire la consommation d'énergie de 2 %.

207. Supprimez les lignes inutilisées.
Retirez toutes les conduites ou sorties d'air anciennes ou inutilisées pour réduire le volume d'air requis dans le système d'air.

208. Séparez le réseau d'air comprimé en zones.
Installez des vannes d'isolement de zone sur les zones des circuits d'air comprimé pour réduire les besoins en air comprimé. Plus le réseau aérien est long, plus la demande en air comprimé pour le remplir est importante.

209. **Combinez la demande de chaleur avec d'autres propriétés locales.**

En vous regroupant avec d'autres propriétés locales, vous pouvez obtenir des gains d'efficacité bien plus importants, tant en termes d'efficacité de la chaudière que de coût d'investissement. En installant une chaufferie centralisée et en distribuant de la chaleur mesurée à chaque propriété, chaque participant ne paie que la chaleur utilisée.

210. **Regroupez votre gestion énergétique avec d'autres entreprises locales.**

En regroupant la fonction de gestion de l'énergie, le processus peut être exécuté plus efficacement, ce qui permet à toutes les parties d'économiser de l'argent.

211. **Regroupez votre demande de durabilité avec d'autres entreprises locales.** Chaque entreprise doit améliorer ses pratiques en matière de développement durable. Travailler en collaboration avec d'autres entreprises locales réduit les doublons et les coûts peuvent être répartis entre de nombreuses entreprises, tout en bénéficiant à chacune d'entre elles.

Conclusion

Notre objectif était de vous donner un aperçu de la manière dont vous pourriez réduire les coûts d'exploitation de votre bien immobilier. Nous ne pensons pas que vous serez en mesure d'effectuer la majeure partie de ce travail vous-même et nous vous encourageons à consulter un professionnel possédant une expérience pertinente pour créer une liste d'opportunités viables, ainsi que tout retour sur investissement lorsqu'un investissement initial est nécessaire.

Il est également important de prioriser les opportunités en fonction à la fois du budget et des opportunités ayant le plus grand impact ou la période de récupération la plus courte.

A propos de l'auteur

Wayne Fox est un relanceur d'entreprise, un perturbateur de l'industrie, un promoteur immobilier commercial, un futuriste, un auteur à succès et un investisseur. Directeur du groupe Enyaw, une société d'investissement basée au Royaume-Uni qui investit dans *« mode de vie libre »* entreprises. Il a de l'expérience dans la réalisation d'une croissance des revenus à 7 et 8 chiffres dans le cadre de précédentes entreprises de PME.

Mes liens en ligne :

Site Web de Wayne Fox : www.wayne-fox.co.uk

Groupe Enyaw : www.enyawgroup.com

Capitale Enyaw : www.enyawcapital.com

Propriété Enyaw : www.enyawproperty.co.uk

Linkedin :https://www.linkedin.com/in/waynefoxuk

Twitter: https://twitter.com/WayneFoxUK1

Instagram :https://www.instagram.com/waynefoxuk

Youtube:https://www.youtube.com/@WayneFoxUK

Udemy :https://www.udemy.com/user/wayne-fox-6

www.ingramcontent.com/pod-product-compliance
Lightning Source LLC
Chambersburg PA
CBHW071200240526
45470CB00017B/599